Kritzeln statt Kündigen

dein Therapieblock fürs Büro

Geheime Pläne zum Feierabend

Ich arbeite hart,
damit mein Chef
gut leben kann.

Was ich wirklich sagen wollte

MONTAG IST KEIN TAG. MONTAG IST EIN ZUSTAND.

Kaffeepausen-Notizen

WER LÄCHELT, HAT ES NOCH NICHT VERSTANDEN.

Mission: Überleben bis Freitag

Das grösste Bürodrama beginnt meist mit den Worten: 'Hast du kurz Zeit?

Büro-Krams, der wichtig aussieht

Kaffee rein. Hirn an. Motivation fehlt noch.

Brainstorming oder Gedankenchaos

WIEDER EIN TAG, AN DEM ICH MICH NICHT WEGBEAMEN KONNTE.

Was niemand wissen soll

Ich habe heute schon viel geleistet – innerlich gekündigt zum Beispiel.

Notizen von der Front

Kollegen sind wie WLAN: Die einen nerven, die anderen fehlen, wenn man sie braucht.

Erfindungen gegen Langeweile

Arbeiten bis der Kaffee wirkt. Danach: Feierabend planen.

Tagebuch eines Bürohelden

MEETING – DIE KUNST, NICHTS IN DOPPELT SO LANGER ZEIT ZU BESPRECHEN.

Geheime Pläne zum Feierabend

ICH BIN NICHT FAUL.
ICH BIN IM
ENERGIESPARMODUS.

Was ich wirklich sagen wollte

Ich bin multitaskingfähig:
Ich kann gleichzeitig genervt und unmotiviert sein.

Kaffeepausen-Notizen

Montag: Noch sieben Meetings bis zum Wochenende

Mission: Überleben bis Freitag

MEIN KALENDER IST
WIE MEIN HIRN –
KOMPLETT
ÜBERFORDERT.

Büro-Krams, der wichtig aussieht

ACHTUNG!
DER CHEF DENKT
WIEDER LAUT.

Brainstorming oder Gedankenchaos

WIESO ALLES GEBEN,
WENN AUCH 60 %
REICHEN?

Was niemand wissen soll

Ich bin heute
nur anwesend,
weil's auffällt,
wenn ich fehle.

Notizen von der Front

ICH HAB NICHTS GEGEN ARBEIT. ICH WILL NUR NICHT DABEI SEIN.

Erfindungen gegen Langeweile

Stellen Sie
sich vor,
es ist Büro –
und keiner
geht hin.

Tagebuch eines Bürohelden

DIE MOTIVATION
HAT SICH
KRANKGEMELDET.

Geheime Pläne zum Feierabend

DAS PROJEKT LÄUFT – IN DIE FALSCHE RICHTUNG, ABER IMMERHIN LÄUFT'S.

Was ich wirklich sagen wollte

Arbeiten Sie
hier? – Nein, ich
warte nur aufs
Wochenende

Kaffeepausen-Notizen

Motivationslevel:
Ich hab meinen
Stift verloren
und such ihn
nicht mal.

Mission: Überleben bis Freitag

Montag ist mein Horrorfilm in Dauerschleife.

Büro-Krams, der wichtig aussieht

MEIN ARBEITSTAG
BEGINNT MIT: 'WAS
WOLLTE ICH NOCH
GLEICH MACHEN?

Brainstorming oder Gedankenchaos

BRAINSTORMING:
WENN KEINER NE
IDEE HAT, ABER
ALLE MITREDEN
WOLLEN.

Was niemand wissen soll

ICH BIN NICHT
ÜBERARBEITET.
ICH BIN NUR
HOFFNUNGSLOS
UNTERKOFFEINIERT.

Notizen von der Front

Ich bin nur
für die schlechte
Stimmung
zuständig.

Erfindungen gegen Langeweile

Die IT sagt, das Problem sitzt vor dem Bildschirm.

Tagebuch eines Bürohelden

MEIN BERUF? ICH MACHE SACHEN. IRGENDWAS MIT GENERVT SEIN.

Geheime Pläne zum Feierabend

HOMEOFFICE -
WEIL ICH MEINE
KOLLEGEN AUCH MAL
VERMISSEN WILL.

Was ich wirklich sagen wollte

Ich arbeite gerne
unter Druck.
Deshalb fange ich
immer zu spät an.

Kaffeepausen-Notizen

Mein Schreibtisch
ist wie mein Leben:
Chaos mit System.

Mission: Überleben bis Freitag

Büro – der Ort,
wo Ideen sterben
und Drucker leben.

Büro-Krams, der wichtig aussieht

Die beste Idee
im Büro?
Gehen.

Brainstorming oder Gedankenchaos

Büro ist da, wo Träume an Excel-Tabellen sterben.

Was niemand wissen soll

Täglich grüsst
der Wahnsinn –
und bringt Kaffee
mit.

Notizen von der Front

Ich liebe meinen
Job. Vor allem,
wenn ich frei hab.

Erfindungen gegen Langeweile

Ich arbeite an meinem inneren Frieden – Kollegen erschweren das.

Tagebuch eines Bürohelden

ICH BIN NICHT FAUL. ICH PRIORISIERE EFFIZIENT.

Geheime Pläne zum Feierabend

Ich arbeite hier nicht. Ich leide nur professionell.

Was ich wirklich sagen wollte

Kaffee ersetzt
keine Motivation –
aber ohne wär's
noch schlimmer.

Kaffeepausen-Notizen

WIE WAR DEIN WOCHENENDE?' – ZU KURZ, WIE IMMER.

Mission: Überleben bis Freitag

Ich hab keinen
Plan – aber dafür
viele Meetings.

Büro-Krams, der wichtig aussieht

Warum ich so
müde bin? Ich war
8 Stunden im Büro
und hab so getan,
als wär mir was
wichtig.

Brainstorming oder Gedankenchaos

Lächeln und nicken – der offizielle Büro-Überlebensmodus.

Was niemand wissen soll

Montag: Der Tag, an dem sogar mein Wecker depressiv ist.

Notizen von der Front

DAS MACHEN WIR
AGIL. - ALSO
KEINER WEISS, WAS
PASSIERT.

Erfindungen gegen Langeweile

PAUSE IST DAS NEUE ZIEL.

Tagebuch eines Bürohelden

Chef sagt:
Wir sind ein Team!
Meint aber:
Mach du das.

Danke, dass du dich für unser Buch entschieden hast.

Wenn es dir gefallen hat, freuen wir uns riesig über eine Bewertung. Scanne den QR -Code und hinterlasse deine Meinung - ganz einfach! Dein Feedback hilft uns, noch bessere Bücher zu gestalten.

Vielen Dank für deine Unterstützung und weiterhin viel Freude mit deinem Buch!

Dein Lumora-Team

Impressum

Pseudonym wird vertreten durch:
Christina Hüterer
c/o Autorenservice Gorischek
Am Rinnergrund 14/5
8101 Gratkorn Österreich

1.Auflage

Printed in Poland
by Amazon Fulfillment
Poland Sp. z o.o., Wrocław

55238440R00057